개역개정·신약성경쓰기

3

누가복음상

내가
의인을 부르러 온 것이 아니요
죄인을 불러
회개시키러 왔노라
_눅 5:32_

레마북스
Rhema

성경은 세상 모든 책을 담을 수 있는 가장 큰 그릇입니다.
성경 필사는 단순히 글을 옮겨 쓰는 작업이 아니라 눈으로 활자를 읽고 손으로 쓰면서 머리로 헤아리는 일. 눈, 손, 머리를 동시에 동원하는 작업으로 오래전부터 필사는 효과가 입증된 글쓰기 훈련법입니다. 저명한 사람들은 필사의 경험이 없는 사람은 없습니다.

손과 종이 위에 연필 끝이 만나는 순간 미묘한 시간차가 발생합니다. 필사가 제공하는 틈 그 순간에 우리는 가만히 있지 않습니다. 단어와 문장을 거슬러 올라가고 맥락을 헤아리고 성경 내용을 되새김질 합니다. 필사 과정에서 눈으로 읽을 때 미처 보지 못한 내용을 발견하고 또 깨달을 수도 있습니다.

성경 필사는 하나님 말씀이 생명력 있게 살아나게 하는 작업입니다.
하나님 말씀이 우리들 마음속에 가득할 때 마음의 소원, 기도의 제목을 하나님이 들으시고 이루어 주실 것입니다.

성경의 진리들을 오직 성경으로, 오직 성령의 조명으로 해석하고 교리를 세우고 그 교리를 삶의 기준과 원칙으로 삼고 모든 삶의 영역에 적용하고자 한 청교도처럼 예수를 가장 잘 믿는 사람들, 가장 순수한 신앙으로 산 사람들 "크리스천" 되기를 소망합니다.

엮은이 **김영기**

레마북스 성경쓰기 시리즈 특징

✛ 볼펜, 만년필로 성경쓰기 편한 고급 재질의 종이 사용

[레마북스 신약성경쓰기 시리즈 (3)누가복음상]은 유성볼펜이나 만년필 사용에 적합하도록 도톰하고 고급스런 광택이 나는 재질의 종이를 사용하였습니다.

✛ 성경쓰기 편하도록 페이지가 완전히 펼쳐지는 180도 고급 제본 사용

[레마북스 신약성경쓰기 시리즈 (3)누가복음상]은 책을 펼친 중간 부분이 걸리지 않도록 페이지가 완전히 펼쳐지는 180도 고급 제본을 사용하였습니다.

✛ 10여년의 경험을 바탕으로 읽고 쓰기 편안한 글씨체 사용

[레마북스 신약성경쓰기 시리즈 (3)누가복음상]은 통독을 겸한 필사가 가능하도록 읽고 쓰면서 스트레스 받지 않는 글씨체를 10여년의 실패와 경험을 바탕으로 선정하여 사용하였습니다.

✛ 따라쓸 수 있는 한자(漢字) 병기(倂記)로 말씀 묵상의 극대화

[레마북스 신약성경쓰기 시리즈 (3)누가복음상]은 긍정적이고 따라쓰기 쉬운 한자를 병기하여 깊은 묵상을 극대화하였습니다.

구약성경 통독표

순번	성경목록	장	절	평균통독시간/분	순번	성경목록	장	절	평균통독시간/분
1	창세기	50	1,533	203	21	전도서	12	222	31
2	출애굽기	40	1,213	162	22	아가	8	117	16
3	레위기	27	859	115	23	이사야	66	1,292	206
4	민수기	36	1,287	165	24	예레미야	52	1,364	300
5	신명기	34	959	147	25	예레미야애가	5	154	20
6	여호수아	24	658	99	26	에스겔	48	1,273	201
7	사사기	21	618	103	27	다니엘	12	357	62
8	룻기	4	85	14	28	호세아	14	197	30
9	사무엘상	31	810	136	29	요엘	3	73	11
10	사무엘하	24	695	113	30	아모스	9	146	23
11	열왕기상	22	816	128	31	오바댜	1	21	4
12	열왕기하	25	719	121	32	요나	4	48	7
13	역대상	29	942	119	33	미가	7	105	17
14	역대하	36	822	138	34	나훔	3	47	8
15	에스라	10	280	42	35	하박국	3	56	9
16	느헤미야	13	406	61	36	스바냐	3	53	9
17	에스더	10	167	29	37	학개	2	38	6
18	욥기	42	1,070	115	38	스가랴	14	211	33
19	시편	150	2,461	275	39	말라기	4	55	11
20	잠언	31	915	92	합계		929	23,144	3,381

신약성경 통독표

순번	성경목록	장	절	평균통독시간/분	순번	성경목록	장	절	평균통독시간/분
1	마태복음	28	1,071	130	15	디모데전서	6	113	14
2	마가복음	16	678	81	16	디모데후서	4	83	11
3	누가복음	24	1,151	138	17	디도서	3	46	6
4	요한복음	21	879	110	18	빌레몬서	1	25	2
5	사도행전	28	1,007	127	19	히브리서	13	303	41
6	로마서	16	433	58	20	야고보서	5	108	14
7	고린도전서	16	437	57	21	베드로전서	5	105	15
8	고린도후서	13	256	37	22	베드로후서	3	61	9
9	갈라디아서	6	149	19	23	요한1서	5	105	15
10	에베소서	6	155	18	24	요한2서	1	13	2
11	빌립보서	4	104	14	25	요한3서	1	15	2
12	골로새서	4	95	12	26	유다서	1	25	4
13	데살로니가전서	5	89	12	27	요한계시록	22	404	61
14	데살로니가후서	3	47	6	합계		260	7,957	1,015

구약성경	39권	23,144절	1,006,953문자	352,319단어	평균통독시간	56시간
신약성경	27권	7,957절	315,579문자	110,237단어	평균통독시간	17시간

데오빌로 각하에게

1

¹우리 중에 이루어진 사실에 대하여

²처음부터 목격자와 말씀의 일꾼 된 자들이
전하여 준 그대로 내력을 저술하려고
붓을 든 사람이 많은지라

³그 모든 일을 근원부터 자세히 미루어 살핀 나도
데오빌로 각하에게 차례대로 써 보내는 것이
좋은 줄 알았노니

⁴이는 각하가 알고 있는 바를 더 확실하게 하려 함이로리

세례 요한의 출생을 예고하다

⁵유대 왕 헤롯 때에 아비야 반열에
제사장 한 사람이 있었으니 이름은 사가랴요

그의 아내는 아론의 자손이니 이름은 엘리사벳이라

⁶이 두 사람이 하나님 앞에 의인이니
주의 모든 계명과 규례대로 흠이 없이 행하더라

⁷엘리사벳이 잉태를 못하므로 그들에게 자식이 없고
두 사람의 나이가 많더라

⁸마침 사가랴가 그 반열의 차례대로
하나님 앞에서 제사장의 직무를 행할새

⁹제사장의 전례(前例)를 따라 제비를 뽑아
주의 성전에 들어가 분향하고

¹⁰모든 백성은 그 분향하는 시간에 밖에서 기도하더니

¹¹주의 사자가 그에게 나타나 향단 우편에 선지라

¹²사가랴가 보고 놀라며 무서워하니

¹³천사가 그에게 이르되 사가랴여
무서워하지 말라 너의 간구함이 들린지라

네 아내 엘리사벳이 네게 아들을 낳아 주리니
그 이름을 요한이라 하라

¹⁴너도 기뻐하고 즐거워할 것이요
많은 사람도 그의 태어남을 기뻐하리니

¹⁵이는 그가 주 앞에 큰 자가 되며
포도주나 독한 술을 마시지 아니하며
모태로부터 성령의 충만함을 받아

¹⁶이스라엘 자손을 주 곧 그들의 하나님께로
많이 돌아오게 하겠음이라

¹⁷그가 또 엘리야의 심령과 능력으로 주 앞에 먼저 와서

아버지의 마음을 자식에게,
거스르는 자를 의인의 슬기에 돌아오게 하고
주를 위하여 세운 백성을 준비하리라

18 사가랴가 천사에게 이르되 내가 이것을 어떻게 알리요
내가 늙고 아내도 나이가 많으니이다

19 천사가 대답하여 이르되
나는 하나님 앞에 서 있는 가브리엘이라
이 좋은 소식을 전하여 네게 말하라고 보내심을 받았노라

20 보라 이 일이 되는 날까지
네가 말 못하는 자가 되어 능히 말을 못하리니

이는 네가 내 말을 믿지 아니함이거니와
때가 이르면 내 말이 이루어지리라 하더라

²¹백성들이 사가랴를 기다리며
그가 성전 안에서 지체함을 이상히 여기더라

²²그가 나와서 그들에게 말을 못하니
백성들이 그가 성전 안에서 환상을 본 줄 알았더라

그가 몸짓으로 뜻을 표시하며
그냥 말 못하는 대로 있더니

²³그 직무의 날이 다 되매 집으로 돌아가니라

²⁴이 후에 그의 아내 엘리사벳이 잉태하고
다섯 달 동안 숨어 있으며 이르되

²⁵주께서 나를 돌보시는 날에 사람들 앞에서
내 부끄러움을 없게 하시려고 이렇게 행하심이라 하더라

예수의 나심을 예고하다

²⁶여섯째 달에 천사 가브리엘이 하나님의 보내심을 받아
갈릴리 나사렛이란 동네에 가서

²⁷다윗의 자손 요셉이라 하는 사람과
약혼한 처녀에게 이르니 그 처녀의 이름은 마리아라

²⁸그에게 들어가 이르되 은혜를 받은 자여 평안할지어다
주께서 너와 함께 하시도다 하니

²⁹처녀가 그 말을 듣고 놀라
이런 인사가 어찌함인가 생각하매

³⁰천사가 이르되 마리아여 무서워하지 말라
네가 하나님께 은혜(恩惠)를 입었느니라

³¹보라 네가 잉태하여 아들을 낳으리니
그 이름을 예수라 하라

³²그가 큰 자가 되고
지극히 높으신 이의 아들이라 일컬어질 것이요
주 하나님께서 그 조상 다윗의 왕위를 그에게 주시리니

³³영원히 야곱의 집을 왕으로 다스리실 것이며
그 나라가 무궁하리라

³⁴마리아가 천사에게 말하되
나는 남자를 알지 못하니 어찌 이 일이 있으리이까

³⁵천사가 대답하여 이르되 성령이 네게 임하시고
지극히 높으신 이의 능력이 너를 덮으시리니

이러므로 나실 바 거룩한 이는
하나님의 아들이라 일컬어지리라

³⁶보라 네 친족(親族) 엘리사벳도

늙어서 아들을 배었느니라
본래 임신하지 못한다고 알려진 이가
이미 여섯 달이 되었나니

37 대저 하나님의 모든 말씀은 능하지 못하심이 없느니라

38 마리아가 이르되 주의 여종이오니
말씀대로 내게 이루어지이다 하매 천사가 떠나가니라

마리아가 엘리사벳을 방문하다

39 이 때에 마리아가 일어나 빨리 산골로 가서
유대 한 동네에 이르러

40 사가랴의 집에 들어가 엘리사벳에게 문안하니

41 엘리사벳이 마리아가 문안함을 들으매
아이가 복중에서 뛰노는지라

엘리사벳이 성령의 충만함을 받아

42 큰 소리로 불러 이르되 여자 중에 네가 복이 있으며
네 태중의 아이도 복이 있도다

43 내 주의 어머니가 내게 나아오니 이 어찌 된 일인가

44 보라 네 문안하는 소리가 내 귀에 들릴 때에
아이가 내 복중에서 기쁨으로 뛰놀았도다

45 주께서 하신 말씀이 반드시 이루어지리라고 믿은
그 여자에게 복이 있도다

마리아의 찬가

46 마리아가 이르되 내 영혼이 주를 찬양하며

47 내 마음이 하나님 내 구주를 기뻐하였음은

48 그의 여종의 비천함을 돌보셨음이라

12

보라 이제 후로는 만세에 나를 복이 있다 일컬으리로다

49능하신 이가 큰 일을 내게 행하셨으니
그 이름이 거룩하시며

50긍휼하심이 두려워하는 자에게 대대로 이르는도다

51그의 팔로 힘을 보이사
마음의 생각이 교만한 자들을 흩으셨고

52권세 있는 자를 그 위에서 내리치셨으며
비천한 자를 높이셨고

53주리는 자를 좋은 것으로 배불리셨으며
부자는 빈 손으로 보내셨도다

54그 종 이스라엘을 도우사 긍휼히 여기시고 기억하시되

55우리 조상에게 말씀하신 것과 같이

아브라함과 그 자손에게 영원히 하시리로다 하니라

⁵⁶마리아가 석 달쯤 함께 있다가 집으로 돌아가니라

세례 요한의 출생

⁵⁷엘리사벳이 해산할 기한이 차서 아들을 낳으니

⁵⁸이웃과 친족이 주께서 그를 크게 긍휼히 여기심을 듣고
함께 즐거워하더라

⁵⁹팔 일이 되매 아이를 할례하러 와서
그 아버지의 이름을 따라 사가랴라 하고자 하더니

⁶⁰그 어머니가 대답하여 이르되
아니라 요한이라 할 것이라 하매

⁶¹그들이 이르되 네 친족 중에
이 이름으로 이름한 이가 없다 하고

62 그의 아버지께 몸짓하여
무엇으로 이름을 지으려 하는가 물으니

63 그가 서판(書板)을 달라 하여 그 이름을 요한이라 쓰매
다 놀랍게 여기더라

64 이에 그 입이 곧 열리고 혀가 풀리며
말을 하여 하나님을 찬송하니

65 그 근처에 사는 자가 다 두려워하고
이 모든 말이 온 유대 산골에 두루 퍼지매

66 듣는 사람이 다 이 말을 마음에 두며 이르되
이 아이가 장차 어찌 될까 하니
이는 주의 손이 그와 함께 하심이러리

사가랴의 예언

⁶⁷그 부친 사가랴가 성령의 충만함을 받아 예언하여 이르되

⁶⁸찬송하리로다 주 이스라엘의 하나님이여
그 백성을 돌보사 속량하시며

⁶⁹우리를 위하여 구원의 뿔을
그 종 다윗의 집에 일으키셨으니

⁷⁰이것은 주께서 예로부터
거룩한 선지자의 입으로 말씀하신 바와 같이

⁷¹우리 원수에게서와 우리를 미워하는
모든 자의 손에서 구원하시는 일이라

⁷²우리 조상을 긍휼히 여기시며
그 거룩한 언약(言約)을 기억하셨으니

⁷³곧 우리 조상 아브라함에게 하신 맹세라

⁷⁴우리가 원수의 손에서 건지심을 받고

⁷⁵종신(終身)토록 주의 앞에서 성결과 의로
두려움이 없이 섬기게 하리라 하셨도다

⁷⁶이 아이여 네가 지극히 높으신 이의 선지자라
일컬음을 받고 주 앞에 앞서 가서 그 길을 준비하여

⁷⁷주의 백성에게 그 죄 사함으로 말미암는
구원을 알게 하리니

⁷⁸이는 우리 하나님의 긍휼로 인함이라
이로써 돋는 해가 위로부터 우리에게 임하여

⁷⁹어둠과 죽음의 그늘에 앉은 자에게 비치고
우리 발을 평강의 길로 인도하시리로다 하니라

⁸⁰아이가 자라며 심령이 강하여지며

이스라엘에게 나타나는 날까지 빈 들에 있으니라

예수의 나심

2 ¹그 때에 가이사 아구스도가 영을 내려
천하로 다 호적하라 하였으니

²이 호적은 구레뇨가 수리아 총독이 되었을 때에
처음 한 것이라

³모든 사람이 호적하러 각각 고향으로 돌아가매

⁴요셉도 다윗의 집 족속이므로
갈릴리 나사렛 동네에서 유대를 향하여
베들레헴이라 하는 다윗의 동네로

⁵그 약혼(約婚)한 마리아와 함께 호적하러 올라가니
마리아가 이미 잉태하였더라

⁶거기 있을 그 때에 해산할 날이 차서

⁷첫아들을 낳아 강보로 싸서 구유에 뉘었으니
이는 여관에 있을 곳이 없음이러라

목자들이 예수 탄생 소식을 듣다

⁸그 지역에 목자들이 밤에 밖에서 자기 양 떼를 지키더니

⁹주의 사자가 곁에 서고
주의 영광이 그들을 두루 비추매 크게 무서워하는지라

¹⁰천사가 이르되 무서워하지 말라
보라 내가 온 백성에게 미칠 큰 기쁨의 좋은 소식을
너희에게 전하노라

¹¹오늘 다윗의 동네에 너희를 위하여 구주가 나셨으니
곧 그리스도 주시니라

¹²너희가 가서 강보에 싸여 구유에 뉘어 있는 아기를 보리니
이것이 너희에게 표적이니라 하더니

¹³홀연히 수많은 천군(天軍)이 그 천사와 함께
하나님을 찬송하여 이르되

¹⁴지극히 높은 곳에서는 하나님께 영광이요
땅에서는 하나님이 기뻐하신 사람들 중에 평화로다 하니라

¹⁵천사들이 떠나 하늘로 올라가니 목자가 서로 말하되
이제 베들레헴으로 가서 주께서 우리에게 알리신 바
이 이루어진 일을 보자 하고

¹⁶빨리 가서 마리아와 요셉과 구유에 누인 아기를 찾아서

¹⁷보고 천사가 자기들에게
이 아기에 대하여 말한 것을 전하니

¹⁸듣는 자가 다 목자들이 그들에게 말한 것들을
놀랍게 여기되

¹⁹마리아는 이 모든 말을 마음에 새기어 생각하니라

²⁰목자(牧者)들은 자기들에게 이르던 바와 같이
듣고 본 그 모든 것으로 인하여 하나님께 영광을 돌리고
찬송하며 돌아가니라

²¹할례할 팔 일이 되매 그 이름을 예수라 하니
곧 잉태하기 전에 천사가 일컬은 바러라

아기 예수의 정결예식
²²모세의 법대로 정결예식의 날이 차매
아기를 데리고 예루살렘에 올라가니

²³이는 주의 율법에 쓴 바 첫 태에 처음 난 남자마다

주의 거룩한 자라 하리라 한 대로 아기를 주께 드리고

24또 주의 율법에 말씀하신 대로 산비둘기 한 쌍이나
혹은 어린 집비둘기 둘로 제사하려 함이더라

25예루살렘에 시므온이라 하는 사람이 있으니
이 사람은 의롭고 경건하여

이스라엘의 위로를 기다리는 자라
성령이 그 위에 계시더라

26그가 주의 그리스도를 보기 전에는
죽지 아니하리라 하는 성령의 지시를 받았더니

27성령의 감동으로 성전에 들어가매
마침 부모가 율법의 관례대로 행하고자 하여
그 아기 예수를 데리고 오는지라

²⁸시므온이 아기를 안고 하나님을 찬송하여 이르되

²⁹주재여 이제는 말씀하신 대로
종을 평안히 놓아 주시는도다

³⁰내 눈이 주의 구원을 보았사오니

³¹이는 만민 앞에 예비하신 것이요

³²이방(異邦)을 비추는 빛이요
주의 백성 이스라엘의 영광이니이다 하니

³³그의 부모가 그에 대한 말들을 놀랍게 여기더라

³⁴시므온이 그들에게 축복하고
그의 어머니 마리아에게 말하여 이르되

보라 이는 이스라엘 중 많은 사람을 패하거나 흥하게 하며
비방을 받는 표적이 되기 위하여 세움을 받았고

35또 칼이 네 마음을 찌르듯 하리니
이는 여러 사람의 마음의 생각을 드러내려 함이니라 하더라

36또 아셀 지파 바누엘의 딸 안나라 하는 선지자가 있어
나이가 매우 많았더라
그가 결혼한 후 일곱 해 동안 남편과 함께 살다가

37과부가 되고 팔십사 세가 되었더라
이 사람이 성전을 떠나지 아니하고 주야로 금식하며
기도함으로 섬기더니

38마침 이 때에 나아와서 하나님께 감사하고
예루살렘의 속량을 바라는 모든 사람에게
그에 대하여 말하니라

39주의 율법을 따라 모든 일을 마치고

갈릴리로 돌아가 본 동네 나사렛에 이르니라

---

[40]아기가 자라며 강하여지고 지혜가 충만하며
하나님의 은혜가 그의 위에 있더라

열두 살 시절의 예수

[41]그의 부모가 해마다 유월절이 되면 예루살렘으로 가더니

---

[42]예수께서 열두 살 되었을 때에
그들이 이 절기의 관례를 따라 올라갔다가

---

[43]그 날들을 마치고 돌아갈 때에
아이 예수는 예루살렘에 머무셨더라
그 부모는 이를 알지 못하고

---

[44]동행(同行) 중에 있는 줄로 생각하고 하룻길을 간 후
친족과 아는 자 중에서 찾되

---

45 만나지 못하매 찾으면서 예루살렘에 돌아갔더니

46 사흘 후에 성전에서 만난즉 그가 선생들 중에 앉으사
그들에게 듣기도 하시며 묻기도 하시니

47 듣는 자가 다 그 지혜와 대답을 놀랍게 여기더라

48 그의 부모가 보고 놀라며 그의 어머니는 이르되
아이야 어찌하여 우리에게 이렇게 하였느냐
보라 네 아버지와 내가 근심하여 너를 찾았노라

49 예수께서 이르시되 어찌하여 나를 찾으셨나이까
내가 내 아버지 집에 있어야 될 줄을
알지 못하셨나이까 하시니

50 그 부모가 그가 하신 말씀을 깨닫지 못하더라

51 예수께서 함께 내려가사 나사렛에 이르러

순종(順從)하여 받드시더라
그 어머니는 이 모든 말을 마음에 두니라

⁵²예수는 지혜와 키가 자라가며
하나님과 사람에게 더욱 사랑스러워 가시더라

세례 요한의 전파

3

¹디베료 황제가 통치한 지 열다섯 해
곧 본디오 빌라도가 유대의 총독으로,
헤롯이 갈릴리의 분봉 왕으로,

그 동생 빌립이 이두래와 드라고닛 지방의 분봉 왕으로,
루사니아가 아빌레네의 분봉 왕으로,

²안나스와 가야바가 대제사장으로 있을 때에 하나님의 말씀이
빈 들에서 사가랴의 아들 요한에게 임한지라

³요한이 요단 강 부근 각처에 와서
죄 사함을 받게 하는 회개의 세례(洗禮)를 전파하니

⁴선지자 이사야의 책에 쓴 바
광야에서 외치는 자의 소리가 있어 이르되
너희는 주의 길을 준비하라 그의 오실 길을 곧게 하라

⁵모든 골짜기가 메워지고 모든 산과 작은 산이 낮아지고
굽은 것이 곧아지고 험한 길이 평탄(平坦)하여질 것이요

⁶모든 육체가 하나님의 구원하심을 보리라 함과 같으니라

⁷요한이 세례 받으러 나아오는 무리에게 이르되
독사의 자식들아 누가 너희에게 일러
장차 올 진노를 피하라 하더냐

⁸그러므로 회개에 합당한 열매를 맺고

속으로 아브라함이 우리 조상이라 말하지 말라
내가 너희에게 이르노니 하나님이 능히 이 돌들로도
아브라함의 자손이 되게 하시리라

9이미 도끼가 나무 뿌리에 놓였으니
좋은 열매 맺지 아니하는 나무마다 찍혀 불에 던져지리라

10무리가 물어 이르되 그러면 우리가 무엇을 하리이까

11대답하여 이르되
옷 두 벌 있는 자는 옷 없는 자에게 나눠 줄 것이요
먹을 것이 있는 자도 그렇게 할 것이니라 하고

12세리들도 세례를 받고자 하여 와서 이르되
선생이여 우리는 무엇을 하리이까 하매

13이르되 부과된 것 외에는 거두지 말라 하고

14 군인들도 물어 이르되 우리는 무엇을 하리이까 하매
이르되 사람에게서 강탈하지 말며 거짓으로 고발하지 말고
받는 급료를 족한 줄로 알라 하니라

15 백성들이 바라고 기다리므로 모든 사람들이
요한을 혹 그리스도신가 심중에 생각하니

16 요한이 모든 사람에게 대답하여 이르되
나는 물로 너희에게 세례를 베풀거니와
나보다 능력이 많으신 이가 오시나니

나는 그의 신발끈을 풀기도 감당하지 못하겠노라
그는 성령과 불로 너희에게 세례를 베푸실 것이요

17 손에 키를 들고 자기의 타작(打作) 마당을 정하게 하사
알곡은 모아 곳간에 들이고

쭉정이는 꺼지지 않는 불에 태우시리라

18또 그밖에 여러 가지로 권하여
백성에게 좋은 소식을 전하였으나

19분봉 왕 헤롯은 그의 동생의 아내 헤로디아의 일과
또 자기가 행한 모든 악한 일로 말미암아
요한에게 책망을 받고

20그 위에 한 가지 악을 더하여 요한을 옥에 가두니라

세례를 받으시다

21백성이 다 세례를 받을새 예수도 세례를 받으시고
기도하실 때에 하늘이 열리며

22성령이 비둘기 같은 형체로 그의 위에 강림하시더니
하늘로부터 소리가 나기를 너는 내 사랑하는 아들이라

내가 너를 기뻐하노라 하시니라

예수의 족보

23 예수께서 가르치심을 시작하실 때에 삼십 세쯤 되시니라
사람들이 아는 대로는 요셉의 아들이니 요셉의 위는 헬리요

24 그 위는 맛닷이요 그 위는 레위요 그 위는 멜기요
그 위는 얀나요 그 위는 요셉이요

25 그 위는 맛다디아요 그 위는 아모스요 그 위는 나훔이요
그 위는 에슬리요 그 위는 낙개요

26 그 위는 마앗이요 그 위는 맛다디아요 그 위는 서머인이요
그 위는 요섹이요 그 위는 요다요

27 그 위는 요아난이요 그 위는 레사요 그 위는 스룹바벨이요
그 위는 스알디엘이요 그 위는 네리요

²⁸ 그 위는 멜기요 그 위는 앗디요 그 위는 고삼이요
그 위는 엘마담이요 그 위는 에르요

²⁹ 그 위는 예수요 그 위는 엘리에서요 그 위는 요림이요
그 위는 맛닷이요 그 위는 레위요

³⁰ 그 위는 시므온이요 그 위는 유다요 그 위는 요셉이요
그 위는 요남이요 그 위는 엘리아김이요

³¹ 그 위는 멜레아요 그 위는 멘나요 그 위는 맛다다요
그 위는 나단이요 그 위는 다윗이요

³² 그 위는 이새요 그 위는 오벳이요 그 위는 보아스요
그 위는 살몬이요 그 위는 나손이요

³³ 그 위는 아미나답이요 그 위는 아니요 그 위는 헤스론이요
그 위는 베레스요 그 위는 유다요

³⁴그 위는 야곱이요 그 위는 이삭이요 그 위는 아브라함이요
그 위는 데라요 그 위는 나홀이요

³⁵그 위는 스룩이요 그 위는 르우요 그 위는 벨렉이요
그 위는 헤버요 그 위는 살라요

³⁶그 위는 가이난이요 그 위는 아박삿이요 그 위는 셈이요
그 위는 노아요 그 위는 레멕이요

³⁷그 위는 므두셀라요 그 위는 에녹이요 그 위는 야렛이요
그 위는 마할랄렐이요 그 위는 가이난이요

³⁸그 위는 에노스요 그 위는 셋이요 그 위는 아담이요
그 위는 하나님이시니라

시험을 받으시다

4 ¹예수께서 성령의 충만함을 입어 요단 강에서 돌아오사

광야에서 사십 일 동안 성령에게 이끌리시며

²마귀에게 시험을 받으시더라
이 모든 날에 아무 것도 잡수시지 아니하시니
날 수가 다하매 주리신지라

³마귀가 이르되 네가 만일 하나님의 아들이어든
이 돌들에게 명하여 떡이 되게 하라

⁴예수께서 대답하시되 기록된 바
사람이 떡으로만 살 것이 아니라 하였느니라

⁵마귀가 또 예수를 이끌고 올라가서
순식간에 천하만국(天下萬國)을 보이며

⁶이르되 이 모든 권위와 그 영광을 내가 네게 주리라
이것은 내게 넘겨 준 것이므로 내가 원하는 자에게 주노라

7 그러므로 네가 만일 내게 절하면 다 네 것이 되리라

8 예수께서 대답하여 이르시되 기록된 바
주 너의 하나님께 경배하고 다만 그를 섬기라 하였느니라

9 또 이끌고 예루살렘으로 가서 성전 꼭대기에 세우고 이르되
네가 만일 하나님의 아들이어든 여기서 뛰어내리라

10 기록되었으되 하나님이 너를 위하여 그 사자들을 명하사
너를 지키게 하시리라 하였고

11 또한 그들이 손으로 너를 받들어
네 발이 돌에 부딪치지 않게 하시리라 하였느니라

12 예수께서 대답하여 이르시되
주 너의 하나님을 시험하지 말라 하였느니라

13 마귀가 모든 시험을 다 한 후에 얼마 동안 떠나니라

갈릴리 여러 회당에서 가르치시다

¹⁴예수께서 성령의 능력으로 갈릴리에 돌아가시니
  그 소문이 사방에 퍼졌고

¹⁵친히 그 여러 회당에서 가르치시매
  뭇 사람에게 칭송(稱頌)을 받으시더라

나사렛에서 배척을 받으시다

¹⁶예수께서 그 자라나신 곳 나사렛에 이르사
  안식일에 늘 하시던 대로 회당에 들어가사
  성경을 읽으려고 서시매

¹⁷선지자 이사야의 글을 드리거늘
  책을 펴서 이렇게 기록된 데를 찾으시니 곧

¹⁸주의 성령이 내게 임하셨으니

이는 가난한 자에게 복음을 전하게 하시려고
내게 기름을 부으시고 나를 보내사

포로 된 자에게 자유를,
눈 먼 자에게 다시 보게 함을 전파하며
눌린 자를 자유롭게 하고

19주의 은혜의 해를 전파하게 하려 하심이라 하였더라

20책을 덮어 그 맡은 자에게 주시고 앉으시니
회당에 있는 자들이 다 주목하여 보더라

21이에 예수께서 그들에게 말씀하시되
이 글이 오늘 너희 귀에 응하였느니라 하시니

22그들이 다 그를 증언하고 그 입으로 나오는 바
은혜로운 말을 놀랍게 여겨 이르되

이 사람이 요셉의 아들이 아니냐

23예수께서 그들에게 이르시되
너희가 반드시 의사야 너 자신을 고치라 하는
속담을 인용하여 내게 말하기를

우리가 들은 바 가버나움에서 행한 일을
네 고향 여기서도 행하라 하리라

24또 이르시되 내가 진실로 너희에게 이르노니
선지자가 고향에서는 환영을 받는 자가 없느니라

25내가 참으로 너희에게 이르노니
엘리야 시대에 하늘이 삼 년 육 개월간 닫히어

온 땅에 큰 흉년이 들었을 때에
이스라엘에 많은 과부가 있었으되

²⁶엘리야가 그 중 한 사람에게도 보내심을 받지 않고
오직 시돈 땅에 있는 사렙다의 한 과부에게 뿐이었으며

²⁷또 선지자 엘리사 때에
이스라엘에 많은 나병환자가 있었으되

그 중의 한 사람도 깨끗함을 얻지 못하고
오직 수리아 사람 나아만뿐이었느니라

²⁸회당에 있는 자들이 이것을 듣고 다 크게 화가 나서

²⁹일어나 동네 밖으로 쫓아내어
그 동네가 건설된 산 낭떠러지까지 끌고 가서
밀쳐 떨어뜨리고자 하되

³⁰예수께서 그들 가운데로 지나서 가시니라

더러운 귀신 들린 사람을 고치시다

³¹갈릴리의 가버나움 동네에 내려오사 안식일에 가르치시매

³²그들이 그 가르치심에 놀라니
이는 그 말씀이 권위가 있음이러라

³³회당에 더러운 귀신 들린 사람이 있어
크게 소리 질러 이르되

³⁴아 나사렛 예수여 우리가 당신과 무슨 상관이 있나이까
우리를 멸하러 왔나이까 나는 당신이 누구인 줄 아노니
하나님의 거룩한 자니이다

³⁵예수께서 꾸짖어 이르시되
잠잠하고 그 사람에게서 나오라 하시니

귀신이 그 사람을 무리 중에 넘어뜨리고 나오되
그 사람은 상하지 아니한지라

³⁶다 놀라 서로 말하여 이르되 이 어떠한 말씀인고
권위와 능력으로 더러운 귀신을 명하매 나가는도다 하더라

³⁷이에 예수의 소문이 그 근처 사방에 퍼지니라

온갖 병자들을 고치시다

³⁸예수께서 일어나 회당에서 나가사 시몬의 집에 들어가시니
시몬의 장모가 중한 열병을 앓고 있는지라
사람들이 그를 위하여 예수께 구하니

³⁹예수께서 가까이 서서 열병을 꾸짖으신대
병이 떠나고 여자가 곧 일어나 그들에게 수종드니라

⁴⁰해 질 무렵에 사람들이 온갖 병자들을 데리고 나아오매
예수께서 일일이 그 위에 손을 얹으사 고치시니

⁴¹여러 사람에게서 귀신들이 나가며 소리 질러 이르되

당신은 하나님의 아들이니이다
예수께서 꾸짖으사 그들이 말함을 허락하지 아니하시니
이는 자기를 그리스도인 줄 앎이러라

복음을 전하러 떠나시다

42날이 밝으매 예수께서 나오사 한적한 곳에 가시니
무리가 찾다가 만나서 자기들에게서 떠나시지 못하게
만류하려 하매

43예수께서 이르시되 내가 다른 동네들에서도
하나님의 나라 복음(福音)을 전하여야 하리니
나는 이 일을 위해 보내심을 받았노라 하시고

44갈릴리 여러 회당에서 전도하시더라

어부들이 예수를 따르다

5 ¹무리가 몰려와서 하나님의 말씀을 들을새
예수는 게네사렛 호숫가에 서서

²호숫가에 배 두 척이 있는 것을 보시니
어부들은 배에서 나와서 그물을 씻는지라

³예수께서 한 배에 오르시니 그 배는 시몬의 배라
육지에서 조금 떼기를 청하시고 앉으사
배에서 무리를 가르치시더니

⁴말씀을 마치시고 시몬에게 이르시되
깊은 데로 가서 그물을 내려 고기를 잡으라

⁵시몬이 대답하여 이르되
선생님 우리들이 밤이 새도록 수고하였으되
잡은 것이 없지마는 말씀에 의지하여

내가 그물을 내리리이다 하고

6 그렇게 하니 고기를 잡은 것이 심히 많아
그물이 찢어지는지라

7 이에 다른 배에 있는 동무들에게 손짓하여
와서 도와 달라 하니 그들이 와서 두 배에 채우매
잠기게 되었더라

8 시몬 베드로가 이를 보고
예수의 무릎 아래에 엎드려 이르되
주여 나를 떠나소서 나는 죄인(罪人)이로소이다 하니

9 이는 자기 및 자기와 함께 있는 모든 사람이
고기 잡힌 것으로 말미암아 놀라고

10 세베대의 아들로서 시몬의 동업자(同業者)인

야고보와 요한도 놀랐음이라
예수께서 시몬에게 이르시되 무서워하지 말라
이제 후로는 네가 사람을 취하리라 하시니

11 그들이 배들을 육지에 대고
모든 것을 버려 두고 예수를 따르니라

나병 들린 사람을 깨끗하게 하시다

12 예수께서 한 동네에 계실 때에
온 몸에 나병 들린 사람이 있어

예수를 보고 엎드려 구하여 이르되
주여 원하시면 나를 깨끗하게 하실 수 있나이다 하니

13 예수께서 손을 내밀어 그에게 대시며 이르시되
내가 원하노니 깨끗함을 받으라 하신대 나병이 곧 떠나니라

14예수께서 그를 경고하시되 아무에게도 이르지 말고
가서 제사장에게 네 몸을 보이고

또 네가 깨끗하게 됨으로 인하여 모세가 명한 대로
예물을 드려 그들에게 입증하라 하셨더니

15예수의 소문이 더욱 퍼지매 수많은 무리가 말씀도 듣고
자기 병도 고침을 받고자 하여 모여 오되

16예수는 물러가사 한적한 곳에서 기도하시니라

중풍병자를 고치시다

17하루는 가르치실 때에 갈릴리의 각 마을과
유대와 예루살렘에서 온 바리새인과 율법교사들이 앉았는데
병을 고치는 주의 능력이 예수와 함께 하더라

18한 중풍병자를 사람들이 침상에 메고 와서

예수 앞에 들여놓고자 하였으나

¹⁹무리 때문에 메고 들어갈 길을 얻지 못한지라
지붕에 올라가 기와를 벗기고
병자를 침상째 무리 가운데로 예수 앞에 달아 내리니

²⁰예수께서 그들의 믿음을 보시고 이르시되
이 사람아 네 죄 사함을 받았느니라 하시니

²¹서기관과 바리새인들이 생각하여 이르되
이 신성모독 하는 자가 누구냐
오직 하나님 외에 누가 능히 죄를 사하겠느냐

²²예수께서 그 생각을 아시고 대답하여 이르시되
너희 마음에 무슨 생각을 하느냐

²³네 죄 사함을 받았느니라 하는 말과

일어나 걸어가라 하는 말이 어느 것이 쉽겠느냐

24 그러나 인자(人子)가 땅에서 죄를 사하는 권세가 있는 줄을
너희로 알게 하리라 하시고 중풍병자에게 말씀하시되

내가 네게 이르노니 일어나 네 침상을 가지고
집으로 가라 하시매

25 그 사람이 그들 앞에서 곧 일어나
그 누웠던 것을 가지고 하나님께 영광을 돌리며
자기 집으로 돌아가니

26 모든 사람이 놀라 하나님께 영광을 돌리며
심히 두려워하여 이르되
오늘 우리가 놀라운 일을 보았다 하니라

레위가 예수를 따르다

²⁷그 후에 예수께서 나가사
레위라 하는 세리가 세관에 앉아 있는 것을 보시고
나를 따르라 하시니

²⁸그가 모든 것을 버리고 일어나 따르니라

²⁹레위가 예수를 위하여 자기 집에서 큰 잔치를 하니
세리와 다른 사람이 많이 함께 앉아 있는지라

³⁰바리새인과 그들의 서기관들이 그 제자들을 비방하여 이르되
너희가 어찌하여 세리와 죄인과 함께 먹고 마시느냐

³¹예수께서 대답하여 이르시되
건강한 자에게는 의사가 쓸 데 없고
병든 자에게라야 쓸 데 있나니

³²내가 의인을 부르러 온 것이 아니요

죄인을 불러 회개(悔改)시키러 왔노라

33 그들이 예수께 말하되
요한의 제자는 자주 금식하며 기도하고

바리새인의 제자들도 또한 그리하되
당신의 제자들은 먹고 마시나이다

34 예수께서 그들에게 이르시되
혼인 집 손님들이 신랑과 함께 있을 때에
너희가 그 손님으로 금식하게 할 수 있느냐

35 그러나 그 날에 이르러 그들이 신랑을 빼앗기리니
그 날에는 금식할 것이니라

36 또 비유하여 이르시되
새 옷에서 한 조각을 찢어 낡은 옷에 붙이는 자가 없나니

만일 그렇게 하면 새 옷을 찢을 뿐이요
또 새 옷에서 찢은 조각이 낡은 것에 어울리지 아니하리라

³⁷새 포도주를 낡은 가죽 부대에 넣는 자가 없나니
만일 그렇게 하면 새 포도주가 부대를 터뜨려
포도주가 쏟아지고 부대도 못쓰게 되리라

³⁸새 포도주는 새 부대에 넣어야 할 것이니라

³⁹묵은 포도주를 마시고 새 것을 원하는 자가 없나니
이는 묵은 것이 좋다 함이니라

안식일에 밀 이삭을 자르다

6 ¹안식일에 예수께서 밀밭 사이로 지나가실새
제자들이 이삭을 잘라 손으로 비비어 먹으니

²어떤 바리새인들이 말하되

어찌하여 안식일에 하지 못할 일을 하느냐

³예수께서 대답하여 이르시되
다윗이 자기 및 자기와 함께 한 자들이
시장할 때에 한 일을 읽지 못하였느냐

⁴그가 하나님의 전에 들어가서
다만 제사장 외에는 먹어서는 안 되는 진설병을 먹고
함께 한 자들에게도 주지 아니하였느냐

⁵또 이르시되 인자는 안식일의 주인이니라 하시더라

안식일에 손 마른 사람을 고치시다

⁶또 다른 안식일에 예수께서 회당에 들어가사 가르치실새
거기 오른손 마른 사람이 있는지라

⁷서기관과 바리새인들이 예수를 고발할 증거를 찾으려 하여

안식일에 병을 고치시는가 엿보니

8예수께서 그들의 생각을 아시고 손 마른 사람에게 이르시되
일어나 한가운데 서라 하시니 그가 일어나 서거늘

9예수께서 그들에게 이르시되 내가 너희에게 묻노니
안식일에 선을 행하는 것과 악을 행하는 것,
생명을 구하는 것과 죽이는 것, 어느 것이 옳으냐 하시며

10무리를 둘러보시고 그 사람에게 이르시되
네 손을 내밀라 하시니
그가 그리하매 그 손이 회복된지라

11그들은 노기가 가득하여 예수를 어떻게 할까 하고
서로 의논하니라

열두 제자를 사도로 택하시다

¹²이 때에 예수께서 기도하시러 산으로 가사
밤이 새도록 하나님께 기도하시고

¹³밝으매 그 제자들을 부르사 그 중에서 열둘을 택하여
사도(使徒)라 칭하셨으니

¹⁴곧 베드로라고도 이름을 주신 시몬과
그의 동생 안드레와 야고보와 요한과 빌립과 바돌로매와

¹⁵마태와 도마와 알패오의 아들 야고보와 셀롯이라는 시몬과

¹⁶야고보의 아들 유다와 예수를 파는 자 될 가룟 유다라

¹⁷예수께서 그들과 함께 내려오사 평지에 서시니
그 제자의 많은 무리와 예수의 말씀도 듣고

병 고침을 받으려고 유대 사방과 예루살렘과
두로와 시돈의 해안으로부터 온 많은 백성도 있더라

¹⁸더러운 귀신에게 고난(苦難) 받는 자들도 고침을 받은지라

¹⁹온 무리가 예수를 만지려고 힘쓰니
이는 능력이 예수께로부터 나와서
모든 사람을 낫게 함이러라

복과 화를 선포하시다

²⁰예수께서 눈을 들어 제자(弟子)들을 보시고 이르시되
너희 가난한 자는 복이 있나니
하나님의 나라가 너희 것임이요

²¹지금 주린 자는 복이 있나니
너희가 배부름을 얻을 것임이요

지금 우는 자는 복(福)이 있나니
너희가 웃을 것임이요

²²인자로 말미암아 사람들이 너희를 미워하며 멀리하고
욕하고 너희 이름을 악하다 하여 버릴 때에는
너희에게 복이 있도다

²³그 날에 기뻐하고 뛰놀라 하늘에서 너희 상이 큼이라
그들의 조상들이 선지자들에게 이와 같이 하였느니라

²⁴그러나 화 있을진저 너희 부요한 자여
너희는 너희의 위로를 이미 받았도다

²⁵화 있을진저 너희 지금 배부른 자여
너희는 주리리로다

화 있을진저 너희 지금 웃는 자여
너희가 애통하며 울리로다

²⁶모든 사람이 너희를 칭찬하면 화가 있도다

그들의 조상들이 거짓 선지자들에게 이와 같이 하였느니라

원수를 사랑하라

27 그러나 너희 듣는 자에게 내가 이르노니
너희 원수를 사랑하며 너희를 미워하는 자를 선대하며

28 너희를 저주하는 자를 위하여 축복하며
너희를 모욕하는 자를 위하여 기도하라

29 너의 이 뺨을 치는 자에게 저 뺨도 돌려대며
네 겉옷을 빼앗는 자에게 속옷도 거절하지 말라

30 네게 구하는 자에게 주며
네 것을 가져가는 자에게 다시 달라 하지 말며

31 남에게 대접을 받고자 하는 대로 너희도 남을 대접하라

32 너희가 만일 너희를 사랑하는 자만을 사랑하면

누가복음
6:33-35

칭찬 받을 것이 무엇이냐
죄인들도 사랑하는 자는 사랑하느니라

---

³³너희가 만일 선대(善待)하는 자만을 선대하면
칭찬 받을 것이 무엇이냐 죄인들도 이렇게 하느니라

---

³⁴너희가 받기를 바라고 사람들에게 꾸어 주면
칭찬 받을 것이 무엇이냐 죄인들도 그만큼 받고자 하여
죄인에게 꾸어 주느니라

---

³⁵오직 너희는 원수를 사랑하고 선대하며
아무 것도 바라지 말고 꾸어 주라

그리하면 너희 상이 클 것이요
또 지극히 높으신 이의 아들이 되리니
그는 은혜를 모르는 자와 악한 자에게도 인자하시니라

36 너희 아버지의 자비로우심 같이
너희도 자비로운 자가 되라

37 비판하지 말라 그리하면 너희가 비판을 받지 않을 것이요
정죄하지 말라 그리하면 너희가 정죄를 받지 않을 것이요
용서하라 그리하면 너희가 용서를 받을 것이요

38 주라 그리하면 너희에게 줄 것이니
곧 후히 되어 누르고 흔들어 넘치도록 하여
너희에게 안겨 주리라

너희가 헤아리는 그 헤아림으로
너희도 헤아림을 도로 받을 것이니라

네 눈 속에 있는 들보
39 또 비유로 말씀하시되 맹인이 맹인을 인도할 수 있느냐

둘이 다 구덩이에 빠지지 아니하겠느냐

⁴⁰제자가 그 선생보다 높지 못하나
무릇 온전하게 된 자는 그 선생과 같으리라

⁴¹어찌하여 형제의 눈 속에 있는 티는 보고
네 눈 속에 있는 들보는 깨닫지 못하느냐

⁴²너는 네 눈 속에 있는 들보를 보지 못하면서
어찌하여 형제에게 말하기를 형제여

나로 네 눈 속에 있는 티를 빼게 하라 할 수 있느냐
외식하는 자여 먼저 네 눈 속에서 들보를 빼라

그 후에야 네가 밝히 보고
형제의 눈 속에 있는 티를 빼리라

⁴³못된 열매 맺는 좋은 나무가 없고

또 좋은 열매 맺는 못된 나무가 없느니라

44 나무는 각각 그 열매로 아나니 가시나무에서 무화과를,
또는 찔레에서 포도를 따지 못하느니라

45 선한 사람은 마음에 쌓은 선에서 선을 내고
악한 자는 그 쌓은 악에서 악을 내나니
이는 마음에 가득한 것을 입으로 말함이니라

듣고 행하는 자와 행하지 아니하는 자

46 너희는 나를 불러 주여 주여 하면서도
어찌하여 내가 말하는 것을 행하지 아니하느냐

47 내게 나아와 내 말을 듣고 행하는 자마다
누구와 같은 것을 너희에게 보이리라

48 집을 짓되 깊이 파고

주추를 반석 위에 놓은 사람과 같으니
큰 물이 나서 탁류가 그 집에 부딪치되
잘 지었기 때문에 능히 요동하지 못하게 하였거니와

⁴⁹듣고 행하지 아니하는 자는 주추(柱礎) 없이 흙 위에
집 지은 사람과 같으니 탁류가 부딪치매
집이 곧 무너져 파괴됨이 심하니라 하시니라

백부장의 종을 고치시다

7 ¹예수께서 모든 말씀을 백성에게 들려 주시기를
마치신 후에 가버나움으로 들어가시니라

²어떤 백부장의 사랑하는 종이 병들어 죽게 되었더니

³예수의 소문을 듣고 유대인의 장로 몇 사람을
예수께 보내어 오셔서 그 종을 구해 주시기를 청한지라

4 이에 그들이 예수께 나아와 간절히 구하여 이르되
이 일을 하시는 것이 이 사람에게는 합당하니이다

5 그가 우리 민족을 사랑하고
또한 우리를 위하여 회당을 지었나이다 하니

6 예수께서 함께 가실새 이에 그 집이 멀지 아니하여
백부장이 벗들을 보내어 이르되 주여 수고하시지 마옵소서
내 집에 들어오심을 나는 감당하지 못하겠나이다

7 그러므로 내가 주께 나아가기도 감당하지 못할 줄을
알았나이다 말씀만 하사 내 하인을 낫게 하소서

8 나도 남의 수하에 든 사람이요 내 아래에도 병사가 있으니
이더러 가라 하면 가고 저더러 오라 하면 오고
내 종더러 이것을 하라 하면 하나이다

⁹예수께서 들으시고 그를 놀랍게 여겨 돌이키사
따르는 무리에게 이르시되 내가 너희에게 이르노니

이스라엘 중에서도 이만한 믿음은 만나보지 못하였노라
하시더라

¹⁰보내었던 사람들이 집으로 돌아가 보매
종이 이미 나아 있었더라

과부의 아들을 살리시다

¹¹그 후에 예수께서 나인이란 성으로 가실새
제자와 많은 무리가 동행하더니

¹²성문에 가까이 이르실 때에
사람들이 한 죽은 자를 메고 나오니
이는 한 어머니의 독자요 그의 어머니는 과부라

그 성의 많은 사람도 그와 함께 나오거늘

13 주께서 과부를 보시고 불쌍히 여기사 울지 말라 하시고

14 가까이 가서 그 관에 손을 대시니 멘 자들이 서는지라
예수께서 이르시되 청년아 내가 네게 말하노니 일어나라
하시매

15 죽었던 자가 일어나 앉고 말도 하거늘
예수께서 그를 어머니에게 주시니

16 모든 사람이 두려워하며 하나님께 영광을 돌려 이르되
큰 선지자가 우리 가운데 일어나셨다 하고
또 하나님께서 자기 백성을 돌보셨다 하더라

17 예수께 대한 이 소문이 온 유대와 사방에 두루 퍼지니라

세례 요한의 제자들에게 대답하시다

¹⁸요한의 제자들이 이 모든 일을 그에게 알리니

¹⁹요한이 그 제자 중 둘을 불러 주께 보내어 이르되
오실 그이가 당신이오니이까
우리가 다른 이를 기다리오리이까 하라 하매

²⁰그들이 예수께 나아가 이르되
세례 요한이 우리를 보내어 당신께 여쭈어 보라고 하기를

오실 그이가 당신이오니이까
우리가 다른 이를 기다리오리이까 하더이다 하니

²¹마침 그 때에 예수께서
질병과 고통과 및 악귀 들린 자를 많이 고치시며
또 많은 맹인을 보게 하신지라

²²예수께서 대답(對答)하여 이르시되

너희가 가서 보고 들은 것을 요한에게 알리되
맹인이 보며 못 걷는 사람이 걸으며

나병환자가 깨끗함을 받으며 귀먹은 사람이 들으며
죽은 자가 살아나며 가난한 자에게 복음이 전파된다 하라

23 누구든지 나로 말미암아 실족하지 아니하는 자는
복이 있도다 하시니라

24 요한이 보낸 자가 떠난 후에
예수께서 무리에게 요한에 대하여 말씀하시되

너희가 무엇을 보려고 광야에 나갔더냐
바람에 흔들리는 갈대냐

25 그러면 너희가 무엇을 보려고 나갔더냐
부드러운 옷 입은 사람이냐 보라 화려한 옷을 입고

사치(奢侈)하게 지내는 자는 왕궁에 있느니라

26 그러면 너희가 무엇을 보려고 나갔더냐
선지자냐 옳다 내가 너희에게 이르노니
선지자보다도 훌륭한 자니라

27 기록된 바 보라 내가 내 사자를 네 앞에 보내노니
그가 네 앞에서 네 길을 준비하리라 한 것이
이 사람에 대한 말씀이라

28 내가 너희에게 말하노니
여자가 낳은 자 중에 요한보다 큰 자가 없도다

그러나 하나님의 나라에서는
극히 작은 자라도 그보다 크니라 하시니

29 모든 백성과 세리들은 이미 요한의 세례를 받은지라

이 말씀을 듣고 하나님을 의롭다 하되

³⁰바리새인과 율법교사들은 그의 세례를 받지 아니함으로
그들 자신을 위한 하나님의 뜻을 저버리니라

³¹또 이르시되 이 세대의 사람을 무엇으로 비유할까
무엇과 같은가

³²비유하건대 아이들이 장터에 앉아 서로 불러 이르되
우리가 너희를 향하여 피리를 불어도 너희가 춤추지 않고
우리가 곡하여도 너희가 울지 아니하였다 함과 같도다

³³세례 요한이 와서 떡도 먹지 아니하며
포도주도 마시지 아니하매 너희 말이 귀신이 들렸다 하더니

³⁴인자는 와서 먹고 마시매 너희 말이
보라 먹기를 탐하고 포도주를 즐기는 사람이요

세리와 죄인의 친구로다 하니

³⁵지혜는 자기의 모든 자녀로 인하여 옳다 함을 얻느니라

한 여자가 예수께 향유를 붓다

³⁶한 바리새인이 예수께 자기와 함께 잡수시기를 청하니
이에 바리새인의 집에 들어가 앉으셨을 때에

³⁷그 동네에 죄를 지은 한 여자가 있어
예수께서 바리새인의 집에 앉아 계심을 알고
향유 담은 옥합을 가지고 와서

³⁸예수 뒤로 그 발 곁에 서서 울며
눈물로 그 발을 적시고 자기 머리털로 닦고
그 발에 입맞추고 향유(香油)를 부으니

³⁹예수를 청한 바리새인이 그것을 보고 마음에 이르되

이 사람이 만일 선지자라면
자기를 만지는 이 여자가 누구며
어떠한 자 곧 죄인인 줄을 알았으리라 하거늘

40예수께서 대답하여 이르시되
시몬아 내가 네게 이를 말이 있다 하시니
그가 이르되 선생님 말씀하소서

41이르시되 빚 주는 사람에게 빚진 자가 둘이 있어
하나는 오백 데나리온을 졌고
하나는 오십 데나리온을 졌는데

42갚을 것이 없으므로 둘 다 탕감하여 주었으니
둘 중에 누가 그를 더 사랑하겠느냐

43시몬이 대답하여 이르되

내 생각에는 많이 탕감함을 받은 자니이다
이르시되 네 판단이 옳다 하시고

---

⁴⁴그 여자를 돌아보시며 시몬에게 이르시되
이 여자를 보느냐 내가 네 집에 들어올 때

너는 내게 발 씻을 물도 주지 아니하였으되
이 여자는 눈물로 내 발을 적시고 그 머리털로 닦았으며

---

⁴⁵너는 내게 입맞추지 아니하였으되
그는 내가 들어올 때로부터 내 발에 입맞추기를
그치지 아니하였으며

---

⁴⁶너는 내 머리에 감람유도 붓지 아니하였으되
그는 향유를 내 발에 부었느니라

---

⁴⁷이러므로 내가 네게 말하노니

그의 많은 죄가 사하여졌도다
이는 그의 사랑함이 많음이라
사함을 받은 일이 적은 자는 적게 사랑하느니라

⁴⁸이에 여자에게 이르시되
네 죄 사함을 받았느니라 하시니

⁴⁹함께 앉아 있는 자들이 속으로 말하되
이가 누구이기에 죄도 사(赦)하는가 하더라

⁵⁰예수께서 여자에게 이르시되
네 믿음이 너를 구원(救援)하였으니 평안히 가라 하시니라

여자들이 예수의 활동을 돕다

8 ¹그 후에 예수께서 각 성과 마을에 두루 다니시며
하나님의 나라를 선포하시며 그 복음을 전하실새

열두 제자가 함께 하였고

2또한 악귀를 쫓아내심과 병 고침을 받은 어떤 여자들
곧 일곱 귀신이 나간 자 막달라인이라 하는 마리아와

3헤롯의 청지기 구사의 아내 요안나와 수산나와
다른 여러 여자가 함께 하여
자기들의 소유로 그들을 섬기더라

네 가지 땅에 떨어진 씨 비유
4각 동네 사람들이 예수께로 나아와 큰 무리를 이루니
예수께서 비유로 말씀하시되

5씨를 뿌리는 자가 그 씨를 뿌리러 나가서 뿌릴새
더러는 길 가에 떨어지매 밟히며 공중의 새들이 먹어버렸고

6더러는 바위 위에 떨어지매

싹이 났다가 습기가 없으므로 말랐고

7더러는 가시떨기 속에 떨어지매
가시가 함께 자라서 기운을 막았고

8더러는 좋은 땅에 떨어지매
나서 백 배의 결실을 하였느니라

이 말씀을 하시고 외치시되
들을 귀 있는 자는 들을지어다

비유를 설명하시다
9제자들이 이 비유의 뜻을 물으니

10이르시되 하나님 나라의 비밀을 아는 것이
너희에게는 허락되었으나 다른 사람에게는 비유로 하나니
이는 그들로 보아도 보지 못하고

들어도 깨닫지 못하게 하려 함이라

11 이 비유는 이러하니라 씨는 하나님의 말씀이요

12 길 가에 있다는 것은 말씀을 들은 자니
이에 마귀가 가서 그들이 믿어 구원을 얻지 못하게 하려고
말씀을 그 마음에서 빼앗는 것이요

13 바위 위에 있다는 것은 말씀을 들을 때에 기쁨으로 받으나
뿌리가 없어 잠깐 믿다가 시련을 당할 때에 배반하는 자요

14 가시떨기에 떨어졌다는 것은 말씀을 들은 자이나
지내는 중 이생의 염려와 재물과 향락에 기운이 막혀
온전히 결실하지 못하는 자요

15 좋은 땅에 있다는 것은 착하고 좋은 마음으로
말씀을 듣고 지키어 인내로 결실하는 자니라

등불은 등경 위에

16누구든지 등불을 켜서 그릇으로 덮거나
평상 아래에 두지 아니하고 등경 위에 두나니
이는 들어가는 자들로 그 빛을 보게 하려 함이라

17숨은 것이 장차 드러나지 아니할 것이 없고
감추인 것이 장차 알려지고 나타나지 않을 것이 없느니라

18그러므로 너희가 어떻게 들을까 스스로 삼가라
누구든지 있는 자는 받겠고 없는 자는 그 있는 줄로
아는 것까지도 빼앗기리라 하시니라

예수의 어머니와 동생들

19예수의 어머니와 그 동생들이 왔으나
무리로 인하여 가까이 하지 못하니

²⁰어떤 이가 알리되 당신의 어머니와 동생들이
당신을 보려고 밖에 서 있나이다

²¹예수께서 대답하여 이르시되 내 어머니와 내 동생들은
곧 하나님의 말씀을 듣고 행하는 이 사람들이라 하시니라

바람과 물결을 잔잔하게 하시다

²²하루는 제자들과 함께 배에 오르사 그들에게 이르시되
호수 저편으로 건너가자 하시매 이에 떠나

²³행선(行船)할 때에 예수께서 잠이 드셨더니
마침 광풍이 호수로 내리치매
배에 물이 가득하게 되어 위태한지라

²⁴제자들이 나아와 깨워 이르되
주여 주여 우리가 죽겠나이다 한대 예수께서 잠을 깨사

바람과 물결을 꾸짖으시니 이에 그쳐 잔잔하여지더라

²⁵제자들에게 이르시되 너희 믿음이 어디 있느냐 하시니
그들이 두려워하고 놀랍게 여겨 서로 말하되
그가 누구이기에 바람과 물을 명하매 순종하는가 하더라

귀신 들린 사람을 고치시다

²⁶그들이 갈릴리 맞은편 거라사인의 땅에 이르러

²⁷예수께서 육지에 내리시매
그 도시 사람으로서 귀신 들린 자 하나가 예수를 만나니

그 사람은 오래 옷을 입지 아니하며
집에 거하지도 아니하고 무덤 사이에 거하는 자라

²⁸예수를 보고 부르짖으며
그 앞에 엎드려 큰 소리로 불러 이르되

지극히 높으신 하나님의 아들 예수여
당신이 나와 무슨 상관이 있나이까
당신께 구하노니 나를 괴롭게 하지 마옵소서 하니

29 이는 예수께서 이미 더러운 귀신을 명하사
그 사람에게서 나오라 하셨음이라

(귀신이 가끔 그 사람을 붙잡으므로
그를 쇠사슬과 고랑에 매어 지켰으되
그 맨 것을 끊고 귀신에게 몰려 광야로 나갔더라)

30 예수께서 네 이름이 무엇이냐 물으신즉
이르되 군대라 하니 이는 많은 귀신이 들렸음이라

31 무저갱으로 들어가라 하지 마시기를 간구하더니

32 마침 그 곳에 많은 돼지 떼가 산에서 먹고 있는지라

거신들이 그 돼지에게로 들어가게 허락하심을 간구하니
이에 허락하시니

---

33 거신들이 그 사람에게서 나와 돼지에게로 들어가니
그 떼가 비탈로 내리달아 호수에 들어가 몰사하거늘

---

34 치던 자들이 그 이루어진 일을 보고 도망하여
성내와 마을에 알리니

---

35 사람들이 그 이루어진 일을 보러 나와서 예수께 이르러
거신 나간 사람이 옷을 입고 정신이 온전하여
예수의 발치에 앉아 있는 것을 보고 두려워하거늘

---

36 거신 들렸던 자가 어떻게 구원 받았는지를 본 자들이
그들에게 이르매

---

37 거라사인의 땅 근방(近方) 모든 백성이 크게 두려워하여

예수께서 떠나가시기를 구하더라
예수께서 배에 올라 돌아가실새

---

38 귀신 나간 사람이 함께 있기를 구하였으나
예수께서 그를 보내시며 이르시되

---

39 집으로 돌아가 하나님이 네게 어떻게
큰 일을 행하셨는지를 말하라 하시니

그가 가서 예수께서 자기에게 어떻게
큰 일을 행하셨는지를 온 성내에 전파하니라

야이로의 딸과 예수의 옷에 손 댄 여자

40 예수께서 돌아오시매 무리가 환영(歡迎)하니
이는 다 기다렸음이러라

---

41 이에 회당장인 야이로라 하는 사람이 와서

예수의 발 아래에 엎드려 자기 집에 오시기를 간구하니

⁴²이는 자기에게 열두 살 된 외딸이 있어 죽어감이러라
예수께서 가실 때에 무리가 밀려들더라

⁴³이에 열두 해를 혈루증으로 앓는 중에
아무에게도 고침을 받지 못하던 여자가

⁴⁴예수의 뒤로 와서 그의 옷 가에 손을 대니
혈루증이 즉시 그쳤더라

⁴⁵예수께서 이르시되 내게 손을 댄 자가 누구냐 하시니
다 아니라 할 때에 베드로가 이르되
주여 무리가 밀려들어 미나이다

⁴⁶예수께서 이르시되 내게 손을 댄 자가 있도다
이는 내게서 능력이 나간 줄 앎이로다 하신대

누가복음
8:47-52

⁴⁷여자가 스스로 숨기지 못할 줄 알고 떨며 나아와 엎드리어
그 손 댄 이유와 곧 나은 것을 모든 사람 앞에서 말하니

⁴⁸예수께서 이르시되 딸아 네 믿음이 너를 구원하였으니
평안(平安)히 가라 하시더라

⁴⁹아직 말씀하실 때에 회당장의 집에서 사람이 와서 말하되
당신의 딸이 죽었나이다
선생님을 더 괴롭게 하지 마소서 하거늘

⁵⁰예수께서 들으시고 이르시되 두려워하지 말고 믿기만 하라
그리하면 딸이 구원을 얻으리라 하시고

⁵¹그 집에 이르러 베드로와 요한과 야고보와
아이의 부모 외에는 함께 들어가기를 허락하지 아니하시니라

⁵²모든 사람이 아이를 위하여 울며 통곡하매

예수께서 이르시되
울지 말라 죽은 것이 아니라 잔다 하시니

53 그들이 그 죽은 것을 아는 고로 비웃더라

54 예수께서 아이의 손을 잡고 불러 이르시되
아이야 일어나라 하시니

55 그 영이 돌아와 아이가 곧 일어나거늘
예수께서 먹을 것을 주라 명하시니

56 그 부모가 놀라는지라 예수께서 경고하사
이 일을 아무에게도 말하지 말라 하시니라

열두 제자를 내보내시다

9 1 예수께서 열두 제자를 불러 모으사
모든 귀신을 제어하며

누가복음
9:2-6

병을 고치는 능력과 권위를 주시고

²하나님의 나라를 전파하며
앓는 자를 고치게 하려고 내보내시며

³이르시되 여행을 위하여 아무 것도 가지지 말라
지팡이나 배낭이나 양식이나 돈이나 두 벌 옷을 가지지 말며

⁴어느 집에 들어가든지 거기서 머물다가 거기서 떠나라

⁵누구든지 너희를 영접하지 아니하거든
그 성에서 떠날 때에 너희 발에서 먼지를 떨어 버려
그들에게 증거를 삼으라 하시니

⁶제자들이 나가 각 마을에 두루 다니며
곳곳에 복음을 전하며 병을 고치더라

헤롯이 듣고 심히 당황하다

⁷분봉 왕 헤롯이 이 모든 일을 듣고 심히 당황하니
이는 어떤 사람은 요한이 죽은 자 가운데서
살아났다고도 하며

⁸어떤 사람은 엘리야가 나타났다고도 하며
어떤 사람은 옛 선지자 한 사람이
다시 살아났다고도 함이라

⁹헤롯이 이르되 요한은 내가 목을 베었거늘
이제 이런 일이 들리니 이 사람이 누군가 하며
그를 보고자 하더라

오천 명을 먹이시다

¹⁰사도들이 돌아와 자기들이 행한 모든 것을 예수께 여쭈니
데리시고 따로 벳새다라는 고을로 떠나 가셨으나

¹¹무리가 알고 따라왔거늘
예수께서 그들을 영접하사 하나님 나라의 일을 이야기하시며
병 고칠 자들은 고치시더라

¹²날이 저물어 가매 열두 사도가 나아와 여짜오되
무리를 보내어 두루 마을과 촌으로 가서 유하며

먹을 것을 얻게 하소서
우리가 있는 여기는 빈 들이니이다

¹³예수께서 이르시되 너희가 먹을 것을 주라 하시니
여짜오되 우리에게 떡 다섯 개와
물고기 두 마리밖에 없으니

이 모든 사람을 위하여 먹을 것을 사지 아니하고서는
할 수 없사옵나이다 하니

14 이는 남자가 한 오천 명 됨이러라 제자들에게 이르시되
떼를 지어 한 오십 명씩 앉히라 하시니

15 제자들이 이렇게 하여 다 앉힌 후

16 예수께서 떡 다섯 개와 물고기 두 마리를 가지사
하늘을 우러러 축사(祝謝)하시고 떼어 제자들에게 주어
무리에게 나누어 주게 하시니

17 먹고 다 배불렀더라
그 남은 조각을 열두 바구니에 거두니라

베드로의 고백, 죽음과 부활 예고

18 예수께서 따로 기도하실 때에 제자들이 주와 함께 있더니
물어 이르시되 무리가 나를 누구라고 하느냐

19 대답하여 이르되 세례 요한이라 하고 더러는 엘리야라,

더러는 옛 선지자 중의 한 사람이 살아났다 하나이다

20 예수께서 이르시되 너희는 나를 누구라 하느냐
베드로가 대답하여 이르되 하나님의 그리스도시니이다 하니

21 경고하사 이 말을 아무에게도 이르지 말라 명하시고

22 이르시되 인자가 많은 고난을 받고
장로들과 대제사장들과 서기관들에게 버린 바 되어
죽임을 당하고 제삼일에 살아나야 하리라 하시고

23 또 무리에게 이르시되
아무든지 나를 따라오려거든 자기를 부인(否認)하고
날마다 제 십자가를 지고 나를 따를 것이니라

24 누구든지 제 목숨을 구원하고자 하면 잃을 것이요
누구든지 나를 위하여 제 목숨을 잃으면 구원하리라

²⁵사람이 만일 온 천하를 얻고도
자기를 잃든지 빼앗기든지 하면 무엇이 유익하리요

²⁶누구든지 나와 내 말을 부끄러워하면
인자도 자기와 아버지와 거룩한 천사(天使)들의
영광으로 올 때에 그 사람을 부끄러워하리라

²⁷내가 참으로 너희에게 이르노니 여기 서 있는 사람 중에
죽기 전에 하나님의 나라를 볼 자들도 있느니라

영광스러운 모습으로 변화되시다

²⁸이 말씀을 하신 후 팔 일쯤 되어
예수께서 베드로와 요한과 야고보를 데리고
기도하시러 산에 올라가사

²⁹기도하실 때에 용모가 변화되고

그 옷이 희어져 광채가 나더라

30문득 두 사람이 예수와 함께 말하니
이는 모세와 엘리야라

31영광중에 나타나서 장차 예수께서
예루살렘에서 별세(別世)하실 것을 말할새

32베드로와 및 함께 있는 자들이 깊이 졸다가 온전히 깨어나
예수의 영광과 및 함께 선 두 사람을 보더니

33두 사람이 떠날 때에 베드로가 예수께 여짜오되 주여
우리가 여기 있는 것이 좋사오니 우리가 초막 셋을 짓되

하나는 주를 위하여, 하나는 모세를 위하여,
하나는 엘리야를 위하여 하사이다 하되
자기가 하는 말을 자기도 알지 못하더라

³⁴이 말 할 즈음에 구름이 와서 그들을 덮는지라
구름 속으로 들어갈 때에 그들이 무서워하더니

³⁵구름 속에서 소리가 나서 이르되
이는 나의 아들 곧 택함을 받은 자니
너희는 그의 말을 들으라 하고

³⁶소리가 그치매 오직 예수만 보이더라
제자들이 잠잠하여 그 본 것을 무엇이든지
그 때에는 아무에게도 이르지 아니하니라

귀신 들린 아이를 낫게 하시다

³⁷이튿날 산에서 내려오시니 큰 무리가 맞을새

³⁸무리 중의 한 사람이 소리 질러 이르되
선생님 청컨대 내 아들을 돌보아 주옵소서

이는 내 외아들이니이다

³⁹ 귀신이 그를 잡아 갑자기 부르짖게 하고
경련을 일으켜 거품을 흘리게 하며
몹시 상하게 하고야 겨우 떠나 가나이다

⁴⁰ 당신의 제자들에게 내쫓아 주기를 구하였으나
그들이 능히 못하더이다

⁴¹ 예수께서 대답하여 이르시되 믿음이 없고 패역한 세대여
내가 얼마나 너희와 함께 있으며 너희에게 참으리요
네 아들을 이리로 데리고 오라 하시니

⁴² 올 때에 귀신이 그를 거꾸러뜨리고
심한 경련을 일으키게 하는지라
예수께서 더러운 귀신을 꾸짖으시고

아이를 낫게 하사 그 아버지에게 도로 주시니

⁴³사람들이 다 하나님의 위엄에 놀라니라

인자가 사람들의 손에 넘겨지리라

그들이 다 그 행하시는 모든 일을 놀랍게 여길새
예수께서 제자들에게 이르시되

⁴⁴이 말을 너희 귀에 담아 두라
인자가 장차 사람들의 손에 넘겨지리라 하시되

⁴⁵그들이 이 말씀을 알지 못하니
이는 그들로 깨닫지 못하게 숨긴 바 되었음이라
또 그들은 이 말씀을 묻기도 두려워하더라

누가 크냐

⁴⁶제자 중에서 누가 크냐 하는 변론이 일어나니

⁴⁷예수께서 그 마음에 변론하는 것을 아시고
어린 아이 하나를 데려다가 자기 곁에 세우시고

⁴⁸그들에게 이르시되 누구든지 내 이름으로
이런 어린 아이를 영접하면 곧 나를 영접함이요

또 누구든지 나를 영접하면
곧 나를 보내신 이를 영접함이라
너희 모든 사람 중에 가장 작은 그가 큰 자니라

너희를 위하는 사람

⁴⁹요한이 여짜오되 주여 어떤 사람이
주의 이름으로 귀신을 내쫓는 것을 우리가 보고
우리와 함께 따르지 아니하므로 금하였나이다

⁵⁰예수께서 이르시되 금하지 말라

너희를 반대하지 않는 자는
너희를 위하는 자니라 하시니라

___

사마리아의 마을에서 예수를 받아들이지 않다

51 예수께서 승천하실 기약이 차가매
예루살렘을 향하여 올라가기로 굳게 결심하시고

___

52 사자들을 앞서 보내시매
그들이 가서 예수를 위하여 준비하려고
사마리아인의 한 마을에 들어갔더니

___

53 예수께서 예루살렘을 향하여 가시기 때문에
그들이 받아들이지 아니 하는지라

___

54 제자 야고보와 요한이 이를 보고 이르되
주여 우리가 불을 명하여 하늘로부터 내려

저들을 멸하라 하기를 원하시나이까

⁵⁵예수께서 돌아보시며 꾸짖으시고

⁵⁶함께 다른 마을로 가시니라

나를 따르라

⁵⁷길 가실 때에 어떤 사람이 여짜오되
어디로 가시든지 나는 따르리이다

⁵⁸예수께서 이르시되
여우도 굴이 있고 공중의 새도 집이 있으되
인자는 머리 둘 곳이 없도다 하시고

⁵⁹또 다른 사람에게 나를 따르라 하시니 그가 이르되
나로 먼저 가서 내 아버지를 장사하게 허락하옵소서

⁶⁰이르시되 죽은 자들로 자기의 죽은 자들을 장사하게 하고

너는 가서 하나님의 나라를 전파하라 하시고

⁶¹또 다른 사람이 이르되 주여 내가 주를 따르겠나이다마는
나로 먼저 내 가족을 작별하게 허락하소서

⁶²예수께서 이르시되 손에 쟁기를 잡고 뒤를 돌아보는 자는
하나님의 나라에 합당(合當)하지 아니하니라 하시니라

칠십 인을 세워서 보내시다

10 ¹그 후에 주께서 따로 칠십 인을 세우사
친히 가시려는 각 동네와 각 지역으로
둘씩 앞서 보내시며

²이르시되 추수(秋收)할 것은 많되 일꾼이 적으니
그러므로 추수하는 주인에게 청하여
추수할 일꾼들을 보내 주소서 하라

³갈지어다 내가 너희를 보냄이
어린 양을 이리 가운데로 보냄과 같도다

⁴전대나 배낭이나 신발을 가지지 말며
길에서 아무에게도 문안하지 말며

⁵어느 집에 들어가든지 먼저 말하되
이 집이 평안할지어다 하라

⁶만일 평안(平安)을 받을 사람이 거기 있으면
너희의 평안이 그에게 머물 것이요
그렇지 않으면 너희에게로 돌아오리라

⁷그 집에 유하며 주는 것을 먹고 마시라
일꾼이 그 삯을 받는 것이 마땅하니라
이 집에서 저 집으로 옮기지 말라

⁸어느 동네에 들어가든지 너희를 영접하거든
너희 앞에 차려놓는 것을 먹고

⁹거기 있는 병자들을 고치고 또 말하기를
하나님의 나라가 너희에게 가까이 왔다 하라

¹⁰어느 동네에 들어가든지 너희를 영접하지 아니하거든
그 거리로 나와서 말하되

¹¹너희 동네에서 우리 발에 묻은 먼지도
너희에게 떨어버리노라
그러나 하나님의 나라가 가까이 온 줄을 알라 하라

¹²내가 너희에게 말하노니
그 날에 소돔이 그 동네보다 견디기 쉬우리라

¹³화 있을진저 고라신아, 화 있을진저 벳새다야,

너희에게 행한 모든 권능을 두로와 시돈에서 행하였더라면
그들이 벌써 베옷을 입고 재에 앉아 회개(悔改)하였으리라

¹⁴심판 때에 두로와 시돈이 너희보다 견디기 쉬우리라

¹⁵가버나움아 네가 하늘에까지 높아지겠느냐
음부에까지 낮아지리라

¹⁶너희 말을 듣는 자는 곧 내 말을 듣는 것이요
너희를 저버리는 자는 곧 나를 저버리는 것이요

나를 저버리는 자는 나 보내신 이를 저버리는 것이라
하시니라

칠십 인이 돌아오다

¹⁷칠십 인이 기뻐하며 돌아와 이르되
주여 주의 이름이면 귀신들도 우리에게 항복하더이다

¹⁸예수께서 이르시되 사탄이 하늘로부터
번개 같이 떨어지는 것을 내가 보았노라

¹⁹내가 너희에게 뱀과 전갈을 밟으며
원수의 모든 능력을 제어할 권능을 주었으니
너희를 해칠 자가 결코 없으리라

²⁰그러나 귀신들이 너희에게 항복하는 것으로 기뻐하지 말고
너희 이름이 하늘에 기록(記錄)된 것으로 기뻐하라 하시니라

예수의 감사 기도

²¹그 때에 예수께서 성령으로 기뻐하시며 이르시되
천지의 주재이신 아버지여

이것을 지혜롭고 슬기 있는 자들에게는 숨기시고
어린 아이들에게는 나타내심을 감사(感謝)하나이다

옳소이다 이렇게 된 것이 아버지의 뜻이니이다

²²내 아버지께서 모든 것을 내게 주셨으니
아버지 외에는 아들이 누구인지 아는 자가 없고

아들과 또 아들의 소원대로 계시를 받는 자 외에는
아버지가 누구인지 아는 자가 없나이다 하시고

²³제자들을 돌아 보시며 조용히 이르시되
너희가 보는 것을 보는 눈은 복이 있도다

²⁴내가 너희에게 말하노니 많은 선지자와 임금이
너희가 보는 바를 보고자 하였으되 보지 못하였으며
너희가 듣는 바를 듣고자 하였으되 듣지 못하였느니라

자비를 베푼 사마리아 사람
²⁵어떤 율법교사가 일어나 예수를 시험하여 이르되

선생님 내가 무엇을 하여야 영생을 얻으리이까

26예수께서 이르시되 율법에 무엇이라 기록되었으며
네가 어떻게 읽느냐

27대답(對答)하여 이르되 네 마음을 다하며 목숨을 다하며
힘을 다하며 뜻을 다하여 주 너의 하나님을 사랑하고
또한 네 이웃을 네 자신 같이 사랑하라 하였나이다

28예수께서 이르시되 네 대답이 옳도다
이를 행하라 그러면 살리라 하시니

29그 사람이 자기를 옳게 보이려고 예수께 여짜오되
그러면 내 이웃이 누구니이까

30예수께서 대답하여 이르시되
어떤 사람이 예루살렘에서 여리고로 내려가다가

강도를 만나매 강도들이 그 옷을 벗기고 때려
거의 죽은 것을 버리고 갔더라

31마침 한 제사장이 그 길로 내려가다가
그를 보고 피하여 지나가고

32또 이와 같이 한 레위인도 그 곳에 이르러
그를 보고 피하여 지나가되

33어떤 사마리아 사람은 여행하는 중 거기 이르러
그를 보고 불쌍히 여겨

34가까이 가서 기름과 포도주를 그 상처에 붓고 싸매고
자기 짐승에 태워 주막으로 데리고 가서 돌보아 주니라

35그 이튿날 그가 주막 주인에게 데나리온 둘을 내어 주며
이르되 이 사람을 돌보아 주라

비용이 더 들면 내가 돌아올 때에 갚으리라 하였으니

³⁶네 생각에는 이 세 사람 중에
누가 강도 만난 자의 이웃이 되겠느냐

³⁷이르되 자비를 베푼 자니이다
예수께서 이르시되 가서 너도 이와 같이 하라 하시니라

마르다와 마리아

³⁸그들이 길 갈 때에 예수께서 한 마을에 들어가시매
마르다라 이름하는 한 여자가 자기 집으로 영접하더라

³⁹그에게 마리아라 하는 동생이 있어
주의 발치에 앉아 그의 말씀을 듣더니

⁴⁰마르다는 준비하는 일이 많아 마음이 분주(奔走)한지라
예수께 나아가 이르되

주여 내 동생이 나 혼자 일하게 두는 것을
생각하지 아니하시나이까
그를 명하사 나를 도와 주라 하소서

⁴¹주께서 대답하여 이르시되 마르다야 마르다야
네가 많은 일로 염려하고 근심하나

⁴²몇 가지만 하든지 혹은 한 가지만이라도 족하니라
마리아는 이 좋은 편을 택하였으니 빼앗기지 아니하리라
하시니라

기도를 가르치시다

11 ¹예수께서 한 곳에서 기도(祈禱)하시고 마치시매
제자 중 하나가 여짜오되 주여
요한이 자기 제자들에게 기도를 가르친 것과 같이

우리에게도 가르쳐 주옵소서

2 예수께서 이르시되 너희는 기도할 때에 이렇게 하라
아버지여 이름이 거룩히 여김을 받으시오며
나라가 임하시오며

3 우리에게 날마다 일용할 양식을 주시옵고

4 우리가 우리에게 죄 지은 모든 사람을 용서(容恕)하오니
우리 죄도 사하여 주시옵고
우리를 시험에 들게 하지 마시옵소서 하라

5 또 이르시되 너희 중에 누가 벗이 있는데
밤중에 그에게 가서 말하기를
벗이여 떡 세 덩이를 내게 꾸어 달라

6 내 벗이 여행중에 내게 왔으나

내가 먹일 것이 없노라 하면

7그가 안에서 대답하여 이르되 나를 괴롭게 하지 말라
문이 이미 닫혔고 아이들이 나와 함께 침실에 누웠으니
일어나 네게 줄 수가 없노라 하겠느냐

8내가 너희에게 말하노니
비록 벗 됨으로 인하여서는 일어나서 주지 아니할지라도
그 간청함을 인하여 일어나 그 요구대로 주리라

9내가 또 너희에게 이르노니
구하라 그러면 너희에게 주실 것이요

찾으라 그러면 찾아낼 것이요
문을 두드리라 그러면 너희에게 열릴 것이니

10구하는 이마다 받을 것이요 찾는 이는 찾아낼 것이요

두드리는 이에게는 열릴 것이니라

11 너희 중에 아버지 된 자로서 누가 아들이
생선(生鮮)을 달라 하는데 생선 대신에 뱀을 주며

12 알을 달라 하는데 전갈을 주겠느냐

13 너희가 악할지라도 좋은 것을 자식에게 줄 줄 알거든
하물며 너희 하늘 아버지께서 구하는 자에게
성령을 주시지 않겠느냐 하시니라

예수와 바알세불

14 예수께서 한 말 못하게 하는 귀신을 쫓아내시니
귀신이 나가매 말 못하는 사람이 말하는지라
무리들이 놀랍게 여겼으나

15 그 중에 더러는 말하기를 그가 귀신의 왕

바알세불을 힘입어 귀신을 쫓아낸다 하고

¹⁶또 더러는 예수를 시험하여
하늘로부터 오는 표적을 구하니

¹⁷예수께서 그들의 생각을 아시고 이르시되
스스로 분쟁하는 나라마다 황폐하여지며
스스로 분쟁하는 집은 무너지느니라

¹⁸너희 말이 내가 바알세불을 힘입어 귀신을 쫓아낸다 하니
만일 사탄이 스스로 분쟁하면 그의 나라가 어떻게 서겠느냐

¹⁹내가 바알세불을 힘입어 귀신을 쫓아내면
너희 아들들은 누구를 힘입어 쫓아내느냐
그러므로 그들이 너희 재판관이 되리라

²⁰그러나 내가 만일 하나님의 손을 힘입어 귀신을 쫓아낸다면

하나님의 나라가 이미 너희에게 임하였느니라

21 강한 자가 무장을 하고 자기 집을 지킬 때에는
그 소유가 안전하되

22 더 강한 자가 와서 그를 굴복시킬 때에는
그가 믿던 무장을 빼앗고 그의 재물을 나누느니라

23 나와 함께 하지 아니하는 자는 나를 반대하는 자요
나와 함께 모으지 아니하는 자는 헤치는 자니라

24 더러운 귀신이 사람에게서 나갔을 때에
물 없는 곳으로 다니며 쉬기를 구하되 얻지 못하고
이에 이르되 내가 나온 내 집으로 돌아가리라 하고

25 가서 보니 그 집이 청소되고 수리되었거늘

26 이에 가서 저보다 더 악한 귀신 일곱을 데리고

들어가서 거하니 그 사람의 나중 형편(形便)이
전보다 더 심하게 되느니라

복이 있는 자

²⁷이 말씀을 하실 때에 무리 중에서
한 여자가 음성을 높여 이르되
당신을 밴 태(胎)와 당신을 먹인 젖이 복이 있나이다 하니

²⁸예수께서 이르시되 오히려 하나님의 말씀을 듣고
지키는 자가 복이 있느니라 하시니라

악한 세대가 표적을 구하나

²⁹무리가 모였을 때에 예수께서 말씀하시되
이 세대(世代)는 악한 세대라 표적을 구하되
요나의 표적 밖에는 보일 표적이 없나니

³⁰요나가 니느웨 사람들에게 표적이 됨과 같이
인자도 이 세대에 그러하리라

³¹심판 때에 남방 여왕이 일어나
이 세대 사람을 정죄하리니 이는 그가

솔로몬의 지혜로운 말을 들으려고 땅 끝에서
왔음이거니와 솔로몬보다 더 큰 이가 여기 있으며

³²심판 때에 니느웨 사람들이 일어나
이 세대 사람을 정죄하리니

이는 그들이 요나의 전도를 듣고 회개하였음이거니와
요나보다 더 큰 이가 여기 있느니라

눈은 몸의 등불
³³누구든지 등불을 켜서 움 속에나

말 아래에 두지 아니하고 등경 위에 두나니
이는 들어가는 자로 그 빛을 보게 하려 함이라

³⁴네 몸의 등불은 눈이라
네 눈이 성하면 온 몸이 밝을 것이요
만일 나쁘면 네 몸도 어두우리라

³⁵그러므로 네 속에 있는 빛이 어둡지 아니한가 보라

³⁶네 온 몸이 밝아 조금도 어두운 데가 없으면
등불의 빛이 너를 비출 때와 같이
온전히 밝으리라 하시니라

바리새인과 율법교사

³⁷예수께서 말씀하실 때에
한 바리새인이 자기와 함께 점심 잡수시기를 청하므로

들어가 앉으셨더니

³⁸잡수시기 전에 손 씻지 아니하심을
그 바리새인이 보고 이상히 여기는지라

³⁹주께서 이르시되 너희 바리새인은
지금 잔과 대접(大接)의 겉은 깨끗이 하나
너희 속에는 탐욕과 악독이 가득하도다

⁴⁰어리석은 자들아
겉을 만드신 이가 속도 만들지 아니하셨느냐

⁴¹그러나 그 안에 있는 것으로 구제하라
그리하면 모든 것이 너희에게 깨끗하리라

⁴²화 있을진저 너희 바리새인이여
너희가 박하와 운향과 모든 채소의 십일조는 드리되

공의와 하나님께 대한 사랑은 버리는도다
그러나 이것도 행하고 저것도 버리지 말아야 할지니라

43화 있을진저 너희 바리새인이여 너희가 회당의 높은 자리와
시장에서 문안 받는 것을 기뻐하는도다

44화 있을진저 너희여 너희는 평토장한 무덤 같아서
그 위를 밟는 사람이 알지 못하느니라

45한 율법교사가 예수께 대답하여 이르되
선생님 이렇게 말씀하시니 우리까지 모욕하심이니이다

46이르시되 화 있을진저 또 너희 율법교사여
지기 어려운 짐을 사람에게 지우고
너희는 한 손가락도 이 짐에 대지 않는도다

47화 있을진저 너희는 선지자들의 무덤을 만드는도다

그들을 죽인 자도 너희 조상들이로다

⁴⁸이와 같이 그들은 죽이고 너희는 무덤을 만드니
너희가 너희 조상의 행한 일에 증인이 되어
옳게 여기는도다

⁴⁹그러므로 하나님의 지혜가 일렀으되
내가 선지자와 사도들을 그들에게 보내리니
그 중에서 더러는 죽이며 또 박해하리라 하였느니라

⁵⁰창세 이후로 흘린 모든 선지자의 피를
이 세대가 담당하되

⁵¹곧 아벨의 피로부터 제단과 성전 사이에서
죽임을 당한 사가랴의 피까지 하리라
내가 너희에게 이르노니 과연 이 세대가 담당하리라

⁵²화 있을진저 너희 율법교사여
너희가 지식(知識)의 열쇠를 가져가서

너희도 들어가지 않고
또 들어가고자 하는 자도 막았느니라 하시니라

⁵³거기서 나오실 때에 서기관과 바리새인들이
거세게 달려들어 여러 가지 일을 따져 묻고

⁵⁴그 입에서 나오는 말을 책잡고자 하여 노리고 있더라

God bless you~

쉼休

5

개 역 개 정 · 신 약 성 경 쓰 기

누가복음 상

초판 1쇄 발행 | 2016년 1월 22일
개정증보판 1쇄 발행 | 2020년 10월 8일

엮은이 | 김영기, 양선
디자인 | 신경애
펴낸곳 | 도서출판 레마북스
출판등록 | 2015년 4월 28일(제568-2015-000002호)
주소 | 충남 당진시 송산면 유곡로 20
전화 | 010.5456.9277(출판사) 010.5424.7706(엮은이)
전자우편 | starlove73@naver.com
총판 | 하늘유통(031.947.7777)

값 7,600원
ISBN 979-11-87588-17-7 04230
ISBN 979-11-87588-16-0 04230(세트)

이 도서의 국립중앙도서관 출판예정도서목록(CIP)은 서지정보유통지원시스템 홈페이지(http://seoji.nl.go.kr)와 국가
자료공동목록시스템(http://www.nl.go.kr/kolisnet)에서 이용하실 수 있습니다.(CIP제어번호: CIP2020039637)